AF247907

LETTRES
AU ROI

SUR LES

QUESTIONS POLITIQUES DE PREMIÈRE IMPORTANCE.

PAR H. AZAÏS.

PRIX 50 CENTIMES.

Paris

A LA LIBRAIRIE CENTRALE,

GALERIE D'ORLÉANS, N° 1.

10 FÉVRIER 1830.

PARIS, IMPRIMERIE DE E. POCHARD,
rue du Pot de Fer n 14.

PREMIÈRE LETTRE.

Du Gouvernement aujourd'hui convenable
au Peuple français.

SIRE,

Parmi les caractères de l'époque actuelle, il en
est un bien digne de l'attention de Votre MA-
JESTÉ.

Le mouvement des esprits est si multiplié, l'ex-
pression des divers intérêts, des diverses idées, est
si rapide, si naïve, que, pour bien connaître notre
situation sociale, l'homme réfléchi n'a pas besoin de
se répandre dans le monde, mais au contraire de
s'enfermer dans la retraite avec le tableau du monde,
qui, chaque jour, à chaque instant, peut venir s'y
composer.

Pour quiconque a le loisir et l'inclination de lire

chaque jour toutes les feuilles périodiques, la vérité réelle jaillit d'un chaos apparent; elle y surnage, elle l'éclaire, elle l'ordonne; elle montre ce qu'il y a de positif et de pressant dans les besoins généraux, ce qu'il y a de factice dans les déclamations dont s'enveloppent quelques ambitions personnelles, ce qu'il y a de faible et d'illusoire dans les projets et les espérances que ces ambitions poursuivent.

Telle est, Sire, mon occupation solitaire. Je m'y livre avec calme et permanence. Ma longue vie s'étant écoulée dans l'habitude de la méditation, j'applique en ce moment cette habitude à l'examen des grandes questions que notre situation fait naître; et, toujours impartial, je ne néglige rien pour acquérir en moi - même la certitude des solutions auxquelles mon esprit s'arrête.

Permettez-moi, Sire, de penser que la manifestation de mes aperçus peut avoir quelque intérêt pour Votre Majesté; il serait dans vos désirs patriotiques de pouvoir présider le conseil du Peuple, de pouvoir écouter directement votre peuple, comme vous présidez le conseil des Ministres, comme vous écoutez les hommes que vous avez honorés de votre confiance; je suis un homme du Peuple, et un homme sincère; je sollicite de Votre Majesté un moment d'attention.

Sire, je commence par une des principales conséquences de toutes mes observations :

La Révolution touche à son terme. Ce grand événement demande à se compléter, à se reposer, pour ainsi dire, de tout le tumulte dont il a épouvanté la Terre.

Mais en quoi peuvent consister le complément et le repos d'un événement si mémorable?

Dans l'achèvement paisible de son objet.

Quel a été, dès le principe, l'objet essentiel de la Révolution française ? Sire, votre auguste Frère, le Roi d'héroïque et douloureuse mémoire, l'avait reconnu, fixé et défini :

Liberté civile et politique de tous les Français, garantie par un pouvoir monarchique, ferme, inébranlable : telle était la pensée de Louis XVI; il l'avait puisée dans la connaissance de son époque; heureuse la France, si cet excellent Prince ne s'en était rapporté qu'à lui-même du soin de la constituer conformément à ses besoins! Mais trop modeste pour prendre à cet égard l'autorité nécessaire, trop généreux, trop vertueux, pour ne pas céder au plaisir si doux de témoigner à ses sujets une pleine confiance, il les appela, les consulta, leur remit le soin de construire le nouvel édifice social; c'était, par bonté de cœur, s'exposer à tous les genres de désordres. Jamais grand édifice, matériel ou politique, ne sera bien conçu, bien ordonné que par un seul homme.

La France expia, par trente ans d'oppression, de

malheurs et de crimes, cette générosité, cependant si touchante, si digne d'excuse.

L'auguste frère de Louis XVI, l'héritier de ses intentions, de son patriotisme, Louis XVIII, ramené sur le trône de ses ancêtres, mit en œuvre les fruits de l'expérience générale ; il y ajouta les fruits de ses méditations au sein d'une Monarchie forte et libre, telle que Louis XVI l'avait désirée pour le peuple français ; et il ne consulta personne.

Mais, Sire, l'ordre stable et régulier, que Louis XVI aurait pu imprimer en 1789, avait cessé, en 1814, d'être possible et convenable ; une longue suite de mouvemens d'une violence extrême, terminée brusquement par d'affreuses catastrophes, avait jeté le désordre dans tous les sentimens, toutes les idées. Le corps social ressemblait à celui d'un homme, à la fois faible et en délire. Il lui fallait un régime de transition et de ménagement, indiquant néanmoins, d'avance, dans quel esprit devrait être dirigé le régime qui serait appelé un jour par le retour des forces, du calme et de la santé.

Considérée ainsi, la Charte donnée en 1814 par votre auguste Frère fut le présent de la sagesse et de la prudence ; car rien n'est plus sage, plus prudent, que de n'accorder à un être agité et faible que es alimens et l'exercice qu'il peut supporter.

Mais la raison et l'expérience apprennent également que le régime convenable à l'état de maladie ou de convalescence, doit cesser lorsque les forces sont rétablies, car s'il se prolonge au-delà de ce terme, il devient à son tour cause de souffrance, de maladie, d'agitation.

Et comme c'est par gradation que, dans le tempérament des peuples, ainsi que dans le tempérament des individus, se fait le retour des forces, c'est par gradation que le régime de 1814 a cessé d'être convenable au peuple français. Déjà, Sire, votre auguste Frère avait reconnu la nécessité de lui faire subir deux modifications importantes. La septennalité, et la division des colléges électoraux en grands et petits colléges, ne sont point dans la Charte, sont même contraires au texte de quelques-unes de ses dispositions. Ce n'est, cependant, que par l'influence salutaire de ces deux innovations que la pente de l'État vers une situation fatale a été ralentie.

Et seulement ralentie; car, ni les grands colléges, ni la septennalité, ni tout autre palliatif du même genre, ne pourraient désormais suffire pour neutraliser les effets d'une restriction politique, aujourd'hui funeste, quoique très sage en 1814. Sire, je m'explique.

Il n'est, en principe, que trois modes de Gouvernement: la Monarchie absolue, la République absolue, et la Monarchie représentative, terme moyen entre les deux autres. Chacun de ces trois modes de gouvernement a des conditions de forme et de nature qui lui sont essentielles, et sans lesquelles il n'existe pas.

La Monarchie absolue n'est point dans vos inclinations, Sire; j'ajoute qu'elle a cessé d'être possible en France. Dépouillée, par le temps et les mœurs, de ses anciens appuis, la Noblesse, le Clergé, les Parlemens, les États de Province; reduite à un homme, elle exigerait aujourd'hui que cet homme fût toujours fort, toujours vigilant, toujours jeune; ce que la nature n'accorde pas; et aussitôt que l'une de ces qualités manquerait, on verrait se succéder rapidement les conspirations de prétoire, marchant à leur but par la violence ou la perfidie, le meurtre ou le poison.

La République absolue n'est plus possible, sur la Terre, que dans des sociétés à très petites dimensions, fixées sur un territoire très resserré, et, comme en Suisse, protégées, dans leur existence, par les rivalités politiques des Monarchies environnantes.

La Monarchie représentative est donc nécessaire aujourd'hui au peuple français; or la Monarchie représentative, Sire, ne consiste pas dans la combinaison indécise d'une Royauté vaguement définie, et de l'intérêt national vaguement exprimé, vaguement représenté; elle consiste essentiellement dans le balancement réciproque de toutes les forces sociales, sous la garantie ferme et impartiale d'une Royauté inébranlable : c'est cette harmonie qui en fait le mode de Gouvernement le plus fort, le plus stable, le plus prospère, et le plus honorable pour la nature humaine. Mais, pour que ce Gouvernement existe, il faut que sa condition essentielle soit remplie; pour qu'il soit calme et puissant, il faut qu'il soit vrai et complet, il faut que, semblable à la Constitution de l'univers, toutes ses parties soient à la fois en action et en équilibre; s'il en est autrement, s'il est des membres du corps social qui ne participent point à l'action politique, si, pour cette raison, d'autres membres du corps social exercent une action immodérée, l'ensemble est troublé, agité, discordant; l'État marche, par voie de dissensions tumultueuses, vers l'anarchie, préparation affreuse du despotisme.

Sire, voilà ce qui nous menace: nous n'avons de la Monarchie représentative que le Monarque; nous n'avons point la représentation sociale; elle n'existe du moins, en France, que singulièrement incomplète; quatre-vingt mille hommes seulement sont représentés; ce n'est pas le centième de la population virile, active, domiciliée, de la population qui compose le véritable corps politique : cette population est au moins de dix millions d'hommes. Oui, Sire, nous sommes, en France, dix millions de citoyens, propriétaires ou industriels, jurisconsultes ou médecins, écrivains ou instituteurs de l'enfance, artistes ou cultivateurs, qui payons des impôts à l'État, le servons par nos travaux, fournissons nos enfans à ses armées, et, cependant, nous sommes exclus de toute participation à la représentation publique ! Vous êtes notre Roi, Sire ; car c'est de vous qu'émanent, et l'administration qui règle nos intérêts, et la justice qui apaise nos contestations, et la force publique qui nous protège; mais la Chambre élective n'est point notre Chambre; nous ne l'avons point nommée ; elle nous est étrangère. Par quelle fiction bizarre, humiliante pour nous, croirait-elle pouvoir concentrer le titre de Nation dans la très petite fraction sociale qui lui a donné l'existence, dans une fraction de quatre-vingt mille citoyens sur dix millions ?

Un telle anomalie est trop choquante pour ne pas entraîner des effets funestes. C'est à elle aussi, et à elle seule, qu'il faut attribuer notre agitation actuelle. Dans l'état de mœurs et d'idées où le progrès de la civilisation nous a conduits, nous ne sommes plus disposés, par nous-mêmes, à une division tranchée en partis politiques. Au contraire, Sire, nous sommes tout prêts à nous entendre, à nous concilier, à former un peuple homogène sous le rapport des opinions. Mais, que l'on donne au peuple anglais une Constitution politique semblable à la nôtre, une Constitution qui concentre, la faculté électorale dans un centième de la population domiciliée, et dans le centième où se trouvent naturellement les imaginations les plus vives, les ambitions

les plus inquiètes, les talens oratoires les plus ani-
més, les plus brillans, les plus avides de renommée,
aussitôt, Sire, au lieu du calme politique qui règne
en Angleterre, on verra une provocation continuelle aux changemens rapides, aux paroxismes de
croissance; ce qui poussera vers l'excès de frayeur
et de précautions les hommes qui, par caractère,
par opinion, par position, restent naturellement en
arrière de tous les mouvemens : il y aura alors
deux camps en présence, car la frayeur d'être conduits à un précipice, lors même qu'elle serait mal
fondée, suffit pour réunir dans un effort commun
les hommes qui l'éprouvent. Et alors aussi on ne verra,
de part et d'autre, qu'exagération, défiance. Dans
le camp des hommes épouvantés, rarement une dis-
tinction sera faite entre la liberté et les défauts de
la Constitution qui cherche à l'établir; on prendra
en haine la liberté elle-même. Par réaction, dans le
camp libéral, les défauts mêmes de la Constitution
seront préconisés; on y tiendra avec opiniâtreté.

C'est ainsi que les accusations réciproques, l'animo-
sité réciproque, les faux raisonnemens exprimés avec
colère; les injures, les imprécations, donneront, pour
ainsi dire, à l'État, une physionomie de guerre civile,
tandis que, en réalité, la paix règnera au fond de l'État.

Que faudra-t-il donc alors, Sire? Une résolution
ferme et judicieuse, conçue par un Pouvoir sage,
éclairé, ayant l'intention, non d'opprimer les hom-

mes ardens, ni les hommes timides, mais de les ré-
concilier, en arrachant du Régime social la cause
de leur discorde.

Tel est, Sire, le besoin qui est indiqué par notre
situation politique. Elle semble tumultueuse, discor-
dante, périlleuse même, et elle n'est que fausse et
incomplète. Le peuple français, semblable à un
homme sain, robuste, que l'on a placé dans une at-
titude gênante, montre de l'inquiétude, de l'humeur
même; mais la cause en est tout extérieure. Qu'à votre
voix, Sire, tous les membres de l'État prennent leurs
positions naturelles, se lient entr'eux par leurs rapports naturels, et aussitôt la paix, la concorde, naî-
tront de l'équilibre; le caractère français, si disposé
à la gaîté, à l'union, à la confiance, reparaîtra dans
toute son amabilité.

Quels sont, dans un État, les rapports les plus
naturels, les plus pacifiques? Ce sont les rapports
qui lient les hommes des classes inférieures aux
hommes des classes supérieures, et plus immédiate-
ment encore aux Magistrats, civils ou judiciaires,
dont ils reçoivent habituellement protection et conseils. Là se trouve, en réalité, le ciment de l'édifice
social; là, par conséquent, dans les Monarchies représentatives, doivent être placées les sources principales
de la représentation publique.

Les hommes des classes inférieures ont rarement

la capacité et les lumières qu'exigent les fonctions d'Administrateur ou de Législateur ; mais ils sont excellens juges des qualités les plus nécessaires à l'exercice de ces fonctions. Ces qualités sont la bonté, la probité, le bon sens et le zèle. Dans les campagnes, dans les petites villes, dans les villages, l'humble cultivateur, l'artisan modeste, que le travail et la bonne conduite ne sauvent pas toujours des embarras de situation, s'attache, par estime, par reconnaissance, à l'homme opulent qui soulage sa peine, et au Magistrat civil ou judiciaire qui, dans les occasions difficiles, lui sert de guide ou d'appui. C'est là, Sire, une sorte de vassalité d'instinct et d'affection, éminemment sociale, que les formes politiques doivent soigneusement favoriser.

En dehors de cette vassalité sont la plupart des hommes qui composent la classe moyenne. Leur éducation développée, et leur situation, beaucoup plus restreinte que leurs idées, conduisent naturellement ces hommes à l'indépendance de caractère et à l'ambition de fortune, source directe du besoin de mouvemens, d'événemens, de changemens.

Ces considérations, Sire, fixent les Principes essentiels de l'économie politique. Que, par la Constitution de l'État, la classe moyenne tienne dans l'ordre social sa place active et brillante, mais qu'elle ne domine pas. Que la classe supérieure et la classe inférieure, unies par réciprocité de services, et par sympathie d'inclinations paisibles , forment , dans l'État, une coalition calmante, réfrigérante, toujours prête à modérer, à éteindre, s'il le faut, la flamme ardente que la classe moyenne est toujours prête à allumer. Alors, Sire, la France, pondérée comme l'Angleterre, ou plutôt comme l'Univers, dont le balancement des forces fait l'harmonie, la France, stable et prospère, jouira paisiblement de tous les avantages d'industrie et d'intelligence, qui la placent aujourd'hui à la tête des peuples civilisés.

Mais, Sire, ce plan d'harmonie et de conciliation appelle, en ce moment, une objection, ou même excite une inquiétude : si l'on étend le droit électoral à tout homme domicilié, payant impôt ; si l'on n'exclut que les hommes en domesticité et les prolétaires, n'en est-ce pas assez encore pour ramener la Révolution ?

Nullement, Sire ; c'est, au contraire, prendre le seul moyen de la terminer. Ne confondons pas les temps, ni les caractères. Nous avons dit que la plupart des hommes qui composent les classes inférieures sont susceptibles d'affection ; mais nous devons aussi le reconnaître : ils sont également susceptibles, non d'ambition, mais de cupidité ; ce qui est bien différent. Au début de la Révolution, la classe moyenne, victorieuse de la classe supérieure, jeta ses dépouilles à la classe inférieure, qui les saisit avec une avidité brutale, devint l'ennemie barbare de ses victimes, et l'alliée reconnaissante des tribuns. C'est ainsi que tous les rapports naturels furent bouleversés. On l'a dit souvent : dans l'eau d'un bassin que l'on agite avec désordre, les sédimens du fond montent à la surface. Mais laissez agir le temps, ils vont reprendre leur place naturelle.

Ces bienfaits du temps me semblent déjà produits. La masse populaire est désormais inhabile au tumulte et à l'effervescence. On ne saurait néanmoins en disconvenir : elle est encore susceptible de préventions qui égarent ses jugemens sur les hommes, et qui l'exposent à repousser ceux qui mériteraient le plus sa confiance, pour la porter tout entière sur des ambitieux prêts à en abuser. Mais la source de ces préventions, de ces erreurs, la presse périodique, me semble facile à épurer, à rectifier, de manière à ce qu'elle devienne une source de vérité et de justice. Ainsi que je tenterai, Sire, de le démontrer dans ma seconde Lettre à Votre Majesté, il est aisé, ce me semble, de laisser toute liberté légitime aux journaux, et cependant de les conduire à ne plus être que les instrumens de la paix sociale.

Lorsque cet heureux effet sera obtenu, ce qui, dans ma persuasion, ne se fera pas attendre, toutes les forces de l'État pourront, sans danger, être mises en exercice, et il ne faudra plus craindre d'admettre la classe inférieure à l'action politique ; une telle crainte, trop bien fondée en 1814, s'est déjà bien effacée devant celle d'un danger imminent, et qui est de nature à croître sans cesse. Louis XVIII qui, très judicieusement en 1814, avait redouté les dispositions tumultueuses de la classe inférieure, ne redouterait plus aujourd'hui que la prépondérance politique de la classe moyenne; je crois entendre, Sire, sa voix auguste dire à Votre Majesté :

« La Constitution que j'ai donnée au peuple français, dans un moment d'agitation impétueuse, ne pouvait être que provisoire; bonne et stable par son ensemble, tout ce qui se rapportait à l'action essentielle, à la faculté électorale, ne pouvait y être que de transition. J'avais déjà consenti à ce que cette partie de mon œuvre reçût deux modifications importantes; elles ne suffisent plus aujourd'hui, et le moment est venu de porter mon œuvre à son développement définitif. Que mon Frère, que l'héritier de mon trône et de mes intentions, s'occupe, dès aujourd'hui, de consacrer constitutionnellement l'harmonie sociale, en déployant toutes les forces du peuple français, et en donnant une sanction politique à tous les rapports naturels; qu'il fixe dans leurs domaines les propriétaires opulens, en les invitant, au nom même de leur ambition, à se rendre bienfaisans, obligeans, populaires; il fondera ainsi, dans les petites villes, dans les villages, dans les campagnes, l'aristocratie de la bienveillance, de la générosité, de la bonne renommée. Tous les sept ans, au jour de l'élection, les hommes simples et laborieux qui auront reçu, soit de l'homme opulent de leur voisinage, soit du Magistrat civil ou judiciaire, des secours, des conseils, une protection honorable, acquitteront la dette de leur estime et de leur reconnaissance. Si l'on a soin d'ailleurs d'éviter le principal défaut de la Constitution anglaise ; si l'on ne rassemble point les électeurs, si l'on recueille les suffrages à domicile, si l'on en met l'authenticité sous la sauve-garde de la publicité, on placera irrésistiblement, dans la Chambre élective, une majorité imposante, dévouée au trône et à la stabilité de l'État. Les grandes villes, les petites même, enverront encore quelques hommes d'un zèle bouillant, d'une éloquence impétueuse : il faut un peu de cet ardent véhicule dans le sang du corps social. »

Sire, c'est parce que je suis convaincu que votre auguste Frère aurait approuvé mes pensées, que, pour les rendre plus frappantes, j'ai osé emprunter sa voix sacrée.

Qu'il me soit permis maintenant d'invoquer encore sa raison, son expérience, ses lumières, pour rappeler à Votre Majesté une maxime d'État.

Tout acte constitutif d'une société humaine doit émaner exclusivement d'un pouvoir unique, d'un pouvoir dictatorial ; à cette condition seule, l'unité est possible, et le repos, la permanence, la force ne sont possibles qu'à la condition de l'unité. Jamais, sur la Terre, assemblée humaine ne fut plus féconde en talens, en lumières, en bonnes intentions, que l'Assemblée constituante. C'est pour cette raison même que jamais il n'a été produit un ouvrage politique plus défectueux, plus funeste, que la Constitution de 1791. C'est alors surtout que les circonstances de temps furent entièrement méconnues. Les classes inférieures étaient en délire, et on les rassembla!

Aujourd'hui elles sont calmes; qu'elles soient consultées, que toutes les classes soient représentées, mais non rassemblées; que, de plus, les institutions destinées à mettre le vœu public en exercice, soient fixées par votre autorité, Sire, et qu'ensuite elles soient présentées par vos Ministres aux Chambres législatives, comme pouvant être susceptibles d'amélioration dans leurs détails réglementaires, mais comme invariables dans leurs bases, et à ce titre hors de toute discussion.

Telle est, Sire, la part du principe; voici maintenant la part des circonstances.

Malgré l'institution des grands colléges qui, en modérant la pente républicaine de la Chambre élective, ont montré où se trouvent naturellement les inclinations monarchiques et conservatrices, cette Chambre actuelle est encore, par sa composition, sous l'influence prépondérante de la classe moyenne, et, de jour en jour, par le seul effet des renouvellemens successifs, cette influence se prononcera davantage. Elle suffit déjà pour que l'on puisse craindre, de la part de la Chambre actuelle, une résistance opiniâtre à tout plan conciliateur et conservateur.

N'accusons point les hommes, Sire. En politique, ce n'est jamais qu'aux institutions qu'il faut s'en prendre ; elles seules, quand elles sont fausses, vicieuses, amènent les fautes et les passions des hommes. Mais, une fois les fautes commises et les passions en mouvement, c'est aux institutions que ces passions s'attachent comme à leur justification et à leur défense. En 1791, les exclamations les plus ardentes en faveur de la constitution de cette époque, partaient des hommes qui, dès l'année suivante, proclamèrent la république, et qui, le plus grand nombre du moins, s'y étaient trouvés conduits sans en avoir l'intention.

Aujourd'hui, de la part de bien des hommes de la classe moyenne, ou liés à sa cause, mêmes exclamations en faveur de la loi électorale, mêmes résultats si elle était maintenue. La raison et la prudence, en demandant qu'elle soit abrogée, ne peuvent que rencontrer l'opposition, non seulement de la passion, mais aussi de l'imprévoyance.

Qu'arriverait-il, cependant, si cette passion de quelques hommes et son auxiliaire, l'imprévoyance d'un très grand nombre, allaient, dès l'ouverture de la session prochaine, jeter, au devant de l'action du gouvernement, une barrière prenant le titre de légale et constitutionnelle? Sans doute, une telle barrière pourrait être levée par la force. Mais aujourd'hui, Sire, rien n'est plus important, rien d'ailleurs n'est plus dans votre noble caractère, que de donner, à la force, la raison pour guide et la justice pour objet.

Si la Chambre actuelle arrête vos généreuses intentions; si vous êtes contraint de la dissoudre, n'en appelez pas, Sire, à la très petite fraction de votre peuple qui l'a envoyée, qui, en principe, n'avait pas le droit d'agir au nom de la Nation entière, qui, par conséquent, ne pourrait conférer encore qu'un mandat singulièrement incomplet. Dites aux Français de toutes les classes : Je suis votre Roi; c'est des Français de toutes les classes que mon peuple est formé; c'est à lui tout entier que j'en appelle des erreurs d'une très petite partie; c'est sur lui tout entier que portent mon amour et ma confiance. Je vais à lui; qu'il vienne vers moi!...

Sire, je ne crains pas de l'affirmer : ce langage, qui a toujours été dans les inclinations de votre cœur, est aujourd'hui celui que votre peuple est digne d'entendre. C'est le seul qui, répondant à tous les vœux, enleverait à la passion toutes ses armes, à l'ambition personnelle tous ses prétextes, réduirait toute opposition à la soumission et au silence.

Et votre peuple, Sire, sait que nulle ame, sur la Terre, n'est plus religieuse que la vôtre. Dès l'instant où vous auriez dit : Les temps de préparation sont terminés ; je vais donner à l'œuvre de mon frère le complément qu'elle exige. Le peuple français va recevoir une Constitution vraie, stable, définitive, la Constitution anglaise épurée, perfectionnée. Je vais fonder, sur le balancement parfait de toutes les forces sociales, l'ordre monarchique et la liberté générale....

Dès le moment, Sire, où vous auriez prononcé ces nobles paroles, l'attente des Français aurait tout le calme de la certitude. Plus d'inquiétude, plus même d'impatience. Chaque Français dirait comme moi, Sire :

Charles X a promis la Constitution que je désire, la Constitution monarchique représentative. Par raison, par inclination, il la veut dans toute sa plénitude, dans toute son intégrité. Que, pour l'établir sans froissement, sans secousses, il prenne tout le temps qu'il jugera nécessaire. Je suis tranquille et satisfait ; mes enfans seront heureux et tranquilles : Charles X a promis.

DEUXIÈME LETTRE.

Des Moyens de concilier la Liberté des Journaux avec l'ordre
public, l'honneur des Citoyens, et la Liberté générale.

SIRE,

Toute force qui n'est point balancée par une
résistance proportionnelle à l'action qu'elle exerce,
marche inévitablement vers l'excès et la tyrannie.

La presse périodique est aujourd'hui, en France,
une force de ce genre, une force libre de toute résistance. Elle fait plus que se jouer de la seule action
comminatoire qu'on lui ait opposée, de l'action des
tribunaux ; elle provoque, elle ambitionne les pour-
suites judiciaires, certaine que par l'effet, sinon du
jugement, au moins des plaidoiries, sa cause devien-

dra plus populaire, ses écarts deviendront plus sail-
lans.

Cependant, Sire, il est de nécessité première,
dans les États régis par le gouvernement représentatif, que la presse périodique soit libre de toute
entrave ; car, sans elle, comment pourrait s'exercer
une résistance à l'extension de l'autorité publique,
autorité qui, ne pouvant être confiée qu'à des hommes,
est également exposée, lorsqu'elle n'est retenue par
aucun obstacle, à devenir graduellement tyrannique
et abusive ?

Mais, en réalité, chez les peuples régis par le
gouvernement représentatif, les hommes qui exercent l'autorité publique ne peuvent être soumis qu'à
un seul genre de résistance qui soit puissant et efficace, à la résistance de la *Raison publique*; et si
les journaux exprimaient essentiellement la Raison
publique, nul doute que les hommes revêtus du pouvoir public ne fussent dans l'obligation de se soumet-
tre à leur censure et de déférer à leurs avis.

Mais, Sire, la Raison publique, loin d'être expri-
mée par les journaux dans leur état actuel, est dé-
naturée, étouffée par les passions populaires que ces
journaux excitent. Appelons les faits en témoignage.

Tous les ministères qui se sont succédé depuis
1814, sont devenus l'objet de préventions acharnées;
il n'en est aucun sur lequel les journaux n'aient épuisé
toutes les formes de l'invective, aucun dont ils n'aient

déploré le pouvoir comme un fléau du ciel, dont ils n'aient invoqué la chute comme un bienfait qui devait répandre partout le bonheur et l'allégresse.

Et, depuis leur chute, quel a été le langage de ces mêmes journaux, à l'égard, par exemple, de M. Decazes, de M. Lainé, de M. Deserre, de M. Pasquier, contre lesquels ils s'étaient déchaînés avec tant de furie? ils ont loué leurs talens, leurs intentions, leur caractère; ils ont appelé sur eux les regrets, l'estime, la confiance.

Il n'y avait donc précédemment qu'erreur et injustice dans les préventions populaires qui les poursuivaient. Et d'où étaient nées ces préventions, si ce n'est des philippiques lancées par les journaux?

Non, Sire; chez un peuple ainsi tenu en irritation continuelle par ses lectures quotidiennes, il n'y a pas plus raison publique qu'il n'y a jugement, suite et bon sens, dans les discours d'un homme que la fièvre dévore. Et, encore une fois, un journal sans frein, c'est une force sans obstacles, c'est un torrent sans digues; il coule vers l'abîme; c'est sa nature qui l'entraîne; c'est sa destinée qu'il remplit.

Mais, dira-t-on, si, chez les peuples régis par le gouvernement représentatif, il est essentiel aux journaux d'être libres, quel frein est-il permis de leur imposer?

Le frein de la défense légale, base universelle de l'ordre social. Que, dans une république, ainsi que dans une monarchie, un citoyen soit blessé dans son honneur, ou dépouillé de sa propriété, ou maltraité dans sa personne, il a recours à l'autorité publique ; celle-ci, constituée en tribunal, reçoit sa plainte, l'examine, appelle l'agresseur, éclaircit le fait par l'audition des témoins, et le plaidoyer des deux parties, ensuite prononce le jugement. La force sociale l'exécute.

Telle est généralement, Sire, la forme de toute jurisprudence ; elle doit servir de modèle pour tous les procédés à suivre dans la répression de tous les genres d'hostilité ; elle a, pour principe essentiel d'équité, que le même juge doit entendre les deux parties.

Mais il y a ensuite, à l'égard des divers genres de tribunaux, la question d'efficacité et de compétence. Les contestations portées devant les tribunaux, civils ou criminels, reposent sur des faits matériels, ordinairement faciles à qualifier ; il n'en est pas ainsi des hostilités commises par la voie de la presse ; semblables aux vapeurs malignes, elle sont pénétrantes, se répandent sur un grand espace, portent dans une atmosphère immense leur influence fatale, et ne peuvent être saisies ; elles échappent à la main et au regard.

C'est ce qui a rendu inutile la loi de 1822, qui assujétit tout journal, agresseur d'individus, à accueillir les réponses personnelles, et, en cas de refus, donne, à l'individu attaqué, le droit de poursuivre le journaliste devant les tribunaux, et de le contraindre, par autorité judiciaire, à insérer sa réponse.

Mais, Sire, quel est l'homme paisible qui ne recule pas devant le scandale d'un tel genre de procès, et devant les frais, les tracas, les pertes de temps qu'il entraîne? D'ailleurs, si le tribunal ordonne l'insertion de la réponse, ne restera-t-il pas au journaliste la faculté de réplique, d'allusion, de répétition? faudra-t-il envoyer de nouvelles réponses, intenter de nouveaux procès? Non; les hommes paisibles s'intimident; presque tous dévorent en silence les affronts qu'ils ont reçus; quelques-uns y deviennent insensibles : indifférence malheureuse, qui, si elle se multipliait, serait un des effets les plus flétrissans, les plus funestes, de la tyrannie des journaux.

Entre un journal agresseur d'individus, et les individus qu'il attaque, il n'y a, Sire, qu'un tribunal compétent et efficace : c'est celui qui est formé par les lecteurs de ce journal; c'est devant eux que l'attaque a été portée; eux seuls peuvent être juges de la défense. S'il en est autrement, il y a déni de justice; et si ce déni de justice est fréquent, s'il passe en habitude, si le journal agresseur fonde une sorte de droit sur la prescription, sur le silence forcé de ses victimes, il y a, dans l'État, une tyrannie enracinée, dont l'exercice soutenu ne peut manquer de devenir fatal à l'ordre social.

C'est donc, précisement, parce que la presse périodique est aujourd'hui une puissance utile, nécessaire, qu'il faut lui donner une organisation pacifique, une organisation qui, lui laissant la liberté légale, rende ses excès difficiles, et son despotisme impossible ; c'est même, pour elle, le seul moyen de se conserver ; car s'il était bien démontré qu'aucune répression ne peut l'atteindre, si les journaux étaient seuls affranchis de la Loi sociale, ou plutôt de la Loi universelle qui veut qu'aucune action ne s'exerce, sans contrôle, et sans limites, l'abus d'une telle puissance étant inévitable et intolérable, un cri général demanderait qu'elle fût anéantie.

Pour donner aux journaux cette organisation protectrice, à la fois, de leur existence, de leur liberté, de leur utilité, de l'honneur des citoyens, et de la paix sociale, il suffirait, Sire, d'instituer, par une Loi, une Commission de *Modérateurs*, composée d'hommes éclairés, justes, étrangers aux partis, laborieux, et ayant le don d'écrire. Cette Commission pourrait disposer, chaque jour, d'une colonne de chaque feuille périodique. Si, à une heure fixée, à huit heures du soir par exemple, la Commission n'avait rien envoyé au Rédacteur en chef, celui-ci pourrait remplir la colonne réservée.

C'est à ce Tribunal, défenseur officieux de toute personne attaquée, de tout intérêt compromis, que s'adresseraient, en première instance, tous les genres de plaintes ; il en prendrait connaissance, élaguerait celle qu'il trouverait oiseuses ou mal fondées, soutiendrait celles qui, à ses yeux, seraient convenables et justes ; il aurait aussi le droit de combattre, dans la colonne réservée, les doctrines, les propositions, qui lui paraitraient fausses ou dangereuses; si le journal insistait, le Modérateur répliquerait. Cette polémique, qui pourrait quelquefois être vive, animée, et dans laquelle, sans doute, le Modérateur pourrait quelquefois succomber, serait d'un grand intérêt pour le lecteur ; elle répandrait la lumière comme une plaidoirie approfondie ; elle contraindrait le journaliste à substituer des faits et des raisons aux déclamations et aux injures. Une telle institution briserait les armes odieuses de la méchanceté et de la mauvaise foi. Une telle institution, Sire, douce comme un conciliateur, forte comme une Magistrature, répondrait au besoin que j'ai exprimé, au besoin de porter directement, dans l'atmosphère altérée par des vapeurs malignes, les antidotes salutaires destinés à les neutraliser.

Mais, Sire, une objection se présente. Les journaux sont la propriété de leurs fondateurs. De quel droit le Gouvernement pourrait-il disposer, chaque jour, d'une de leurs colonnes ?

Du droit de la nécessité sociale, manifestement constatée; et si le Législateur éprouvait à cet égard des scrupules, il pourrait les lever en ordonnant

que le Gouvernement achetât cette colonne de chaque journal, ce douzième de ce genre de propriété,
qu'il évaluerait sur le prix des actions : c'est ainsi
qu'il achète sans résistance une propriété rurale,
qu'une grande route ou un canal doivent traverser.
Ce serait ici l'équité, la vérité, la paix sociale, qu'il
s'agirait de conduire, jusque dans les villages, à tra-
vers les journaux, qui aujoud'hui, pleinement livrés
à eux-mêmes, pleinement libres de toute réaction
efficace, ne peuvent jamais être que des foyers d'a-
gitation et des instrumens de tyrannie.

Tel est Sire, le Plan simple, et en harmonie avec
notre gouvernement, que je propose comme me
paraissant le plus propre à guérir paisiblement la
seule plaie de l'État, réputée jusqu'ici profonde et
incurable.

Et un tel Plan, annexé à l'institution, plus vaste
encore, de la Représentation générale, donnerait à
celle-ci les moyens d'être vraie, pacifique, toujours
conforme aux intérêts du trône et anx intérêts de la
liberté, car nulle part, désormais, l'opinion populaire
ne pourrait être égarée, ni sur les hommes ni sur
les principes; aucun genre d'erreurs n'aurait le
temps de devenir funeste ni opiniâtre. Bientôt, Sire,
une grande et noble puissance serait exercée par le
peuple français, la puissance de la RAISON PUBLIQUE,
première base du Gouvernement représentatif.

TROISIÈME LETTRE.

De la Dictature et de la Liberté.

SIRE,

Depuis assez long-temps le mot *Dictature* reposait enseveli dans l'histoire des peuples anciens. Quelques écrivains, parmi lesquels je me suis rangé, ont cru, récemment, devoir le reproduire, comme répondant, d'avance, à une des nécessités éventuelles de notre situation.

Aussitôt les rédacteurs des feuilles périodiques. désignées par le titre de *libérales*, et les lecteurs de ces feuilles, se sont alarmés, offensés, irrités. La Dictature ne s'est présentée à leur esprit que sous l'image d'un monstre toujours prêt à dévorer la liberté.

Par réaction, on trouve aujourd'hui fréquemment,

en France, des hommes que le langage hostile, passionné, des défenseurs de la liberté, irrite et inquiète jusques au point de les conduire à ne plus voir dans la liberté qu'une puissance essentiellement malfaisante. Ces hommes demandent ce qu'il y aurait de si funeste dans une Dictature qui se chargerait de l'anéantir.

Voilà, Sire, des idées extrêmes. Je crois utile de rétablir les idées justes. Leur emploi est de concilier, au profit de la paix sociale, toutes les choses bonnes et nécessaires. De ce nombre sont, en ce moment, la Dictature et la Liberté qui, dans notre situation actuelle, ont besoin l'une de l'autre : la Dictature pour régler l'usage de la Liberté, la Liberté, lorsqu'elle sera assise et bien réglée, pour prévenir, non seulement l'abus, mais l'usage même de la Dictature.

Une image simple expliquera, Sire, cette réciprocité d'influence.

La Liberté, premier bien social, est, pour les peuples civilisés, ce que la chaleur est pour la nature. La chaleur, modérément exercée, est la source unique de la force et de la vie. Mais, au-delà d'un certain degré de vivacité, loin d'être utile et vivifiante, elle devient le *feu* qui consume et détruit.

La Liberté, retenue dans un exercice modéré, est, au sein d'un État, la source unique d'un développement prospère. Au-delà d'une certaine mesure, elle devient *licence*, mot qui correspond à celui d'*incendie*.

Par quels moyens l'homme qu'un incendie menace modère-t-il, réprime-t-il cette combustion fatale? En jetant sur le feu tous les réfrigérans dont il dispose, et en éloignant, au contraire, tout ce qui peut lui servir d'aliment. Mais lorsque, malgré ses efforts, la destruction se propage, il coupe dans le vif; il isole le feu; il le contraint, autant qu'il lui est possible, à ne dévorer que le premier foyer de ses ravages.

Chez tous les peuples civilisés, il est une fonction nécessaire, c'est celle des hommes qui sont toujours prêts à s'élancer vers les lieux où un incendie se déclare. Sans leurs secours, nulle grande ville ne pourrait conserver l'existence. Ajoutons : sans la sécurité qu'ils inspirent par leur intrépidité et leur vigilance, chaque citoyen vivrait sans cesse dans les alarmes, et oserait à peine, dans son domicile, donner quelque activité à la chaleur.

Ainsi se trouvent indiquées, Sire, les garanties sociales qui, chez les peuples avancés en civilisation, mais non encore parvenus à l'harmonie, sont nécessaires au maintien de la sécurité publique. Comme, chez de tels peuples, c'est la liberté qui est encore vacillante sur ses appuis, et incertaine dens son exercice; comme, de ses tâtonnemens, de ses imprudences, et de ce que l'on pourrait appeler ses maladresses, il résulte, de temps à autre, des dangers, il faut qu'il existe, dans l'État, un Pouvoir vigilant et ferme, chargé de porter son action répressive partout où le faux usage de la Liberté allume la licence. Il faut que ce Pouvoir discipliné, organisé, obéisse à un seul homme; sans cela, dans les cas pressans, son action manquerait d'unité. Enfin il faut que ce Pouvoir ait le droit, au besoin, de trancher, avec la hache du sapeur, toute commmnication entre les parties encore saines de l'édifice social et le foyer de l'incendie.

Et comme ce n'est pas au moment de l'incendie que l'on peut créer une telle *Dictature* de conservation; comme elle ne pourrait ni ne saurait agir si elle n'existait, dans toute sa force, dans tous ses droits, antérieurement à tout désordre; il faut que, par la constitution de l'État, elle soit, quelque part, en permanence.

Les États avancés en civilisation ne pouvant exister que sous forme monarchique, il est évident que, dans de telles sociétés, le Monarque seul peut être revêtu, à demeure, du Pouvoir dictatorial, car l'autorité seule du Monarque peut être constituée avec permanence et unité. Ainsi, dans les Monarchies représentatives encore naissantes, et, où, pour cette raison, le Pouvoir dictatorial est encore nécessaire, ce Pouvoir entre essentiellement dans les attributions de la Royauté, comme le pouvoir administratif, comme le pouvoir judiciaire, comme le pouvoir militaire, comme le pouvoir diplomatique. Il y a cette différence que l'exercice de ces quatre pouvoirs a besoin d'être constant, parce qu'il y a toujours et qu'il y aura toujours, dans l'État, une fortune publique à régler, des procès à juger, un territoire à défendre, des relations extérieures à entretenir; au lieu que le Pouvoir dictatorial, tant que l'imperfection de la constitution représentative le rend necessaire, ne doit être que toujours prêt à agir. Mais il n'y aurait pas de situation sociale plus malheureuse, ou même plus impossible à force d'être funeste, que celle qui réclamerait constamment ses secours? Que serait une ville toujours en incendie?

Et, par opposition, quel séjour attrayant que celui d'une ville où le feu ne serait jamais à craindre? Qu'il serait doux d'appartenir à une société qui rendrait à jamais inutile la vigilance du Dictateur, qui, par conséquent, laisserait tomber ce Pouvoir en désuétude? La Constitution d'un tel peuple serait le chef-d'œuvre de l'économie politique.

Eh bien! Sire, je ne crains pas de l'avancer: le peuple français est prêt à entrer dans cette situation heureuse; inquiet jusqu'ici sous l'influence d'une Constitution provisoire et incomplète, il ne demande qu'à se calmer sous l'influence de la Constitution complète et définitive, de la Constitution qui mettra en œuvre, et en balancement réciproque, toutes les forces sociales, de la Constitution calquée sur celle de l'univers, où tous les êtres agissent, où, par cette action de tous les êtres, tous les rapports se maintiennent, où, par cette permanence de tous les rapports, par cet équilibre de toutes les actions et réactions correspondantes, le Créateur se trouve dispensé de jamais exercer sa Puissance souveraine, sa suprême Dictature.

Sire, voilà le modèle : accablant d'immensité, mais sublime de simplicité, il doit guider la pensée de tout homme chargé d'ordonner un genre quelconque de système.

Le peuple anglais complète le sien. Depuis près de deux siècles, il était partagé en deux nations, singulièrement divergentes, et d'un sort politique bien différent. Dans la Grande-Bretagne, représentation générale, admission générale de tous les citoyens à l'exercice des droits politiques et civils : là aussi, jamais besion de Dictature. En Irlande, au contraire, exclusion politique d'une classe nombreuse, agitation, désordre; nécessité toujours pressante d'une Dictature rigoureuse!

Et aujourd'hui, par l'effet salutaire d'une émancipation prudente, progrès rapide vers le calme social. Sire, voilà une expérience.

Oui, Sire, toute agitation, toute souffrance, toute maladie, d'un peuple comme d'un individu, n'atteste jamais que le défaut d'harmonie entre ses fonctions vitales, ou la prépondérance de quelques-unes compensée par la stagnation de quelques autres.

Et, dans le corps social, comme dans celui de l'individu, s'il est un certain nombre d'organes fortement prépondérans, bien loin de s'unir dans une action commune, ils se divisent; c'est entr'eux que s'établit une lutte acharnée, provoquant, autant qu'il est en elle, la désorganisation de l'ensemble.

En physiologie on l'éprouve sans cesse; en politique nous l'avons récemment éprouvé. La Chambre élective de 1824 fut surabondamment composée d'hommes attachés aux opinions que les libéraux repoussent. Ceux-ci ne formèrent qu'une minorité presque inapercevable; une division violente entre les Royalistes ne tarda point à s'établir : division beaucoup plus fâcheuse pour le trône, pour l'ordre public, pour la liberté, que n'aurait pu l'être l'opposition réciproque des deux partis.

Sire, tout procédé incomplet, toute mesure partielle, entraînerait aujourd'hui des résultats semblables ; jamais concorde, jamais repos; toujours besoin de Dictacture. On ne saurait donc trop insister sur cet enchaînement de deux vérrités rigoureuses :

Dans l'état actuel de ses mœurs et de ses idées, la France ne peut plus être constituée qu'en Monarchie représentative ; et le balancement continu de tous les genres d'intérêts, condition fondamentale de la

Monarchie représentative, ne peut être le fruit que de la Représensation générale.

———————

Telles sont, Sire, les pensées d'un solitaire chargé d'ans et de famille, et, à ce double titre, pressé de voir le calme politique régner dans sa patrie; d'un solitaire d'ailleurs qui, toujours placé à distance des mouvemens humains, ne saurait les suivre dans tous leurs détails, et peut se tromper dans le jugement de quelques circonstances, mais ne peut se tromper sur la direction générale de ces mouvemens, parce que les études de sa vie l'ont conduit à connaître les lois générales qui règlent tous les mouvemens de l'univers.

Le moment n'est pas éloigné où cette connaissance universelle deviendra la propriété pacifique du peuple français, et successivement de tous les peuples : tel est même le but essentiel de l'immense révolution que la France a commencée, et qui se propage sans cesse. Je l'annonce, Sire, parce que j'en ai le droit : le temps de tout savoir et de tout comprendre arrive pour l'intelligence humaine. Toutes les idées étant acquises, l'ordre et l'harmonie s'apprêtent à s'y établir. Le SYSTÈME UNIVERSEL est découvert : je l'affirme, et tout homme judicieux qui me lit ou m'écoute autorise ma confiance. Les effets d'une telle découverte sont inévitables; les résistances de quelques hommes pourront à peine les retarder. Les grandes nécessités marchent comme les fleuves, sans être arrêtées par les aspérités de leur lit et les sinuosités de leurs rives. Encore quelques années, et tous les livres de science, d'histoire, de morale, de politique, seront refaits, dans le sens, en déduction, et en perfectionnement du Système que je présente. Publiés en France, ils rayonneront autour de ce beau royaume ; ils étendront graduellement, sur toute la surface du globe, l'autorité douce, conciliante, invincible, de la raison, du savoir, de l'unité, de la vérité. Plus de querelles d'opinion entre les hommes ; plus de guerres entre les peuples. Au terme de son ouvrage, la Vérité universelle aura tout lié, tout apaisé.

Votre Règne, Sire, ouvrira cette grande époque dans l'histoire dn Genre humain. Nul Souverain, sur la Terre, n'aura pu présenter un si beau titre de gloire.

SIRE,

Je prie Votre Majesté
d'agréer l'hommage du mon profond respect
et de mes dévoués sentimens,

AZAIS.

TABLE.